MUSICAL TIMETABLES

Rachel Spiller Riles

ISBN: 0985647809
ISBN-13: **978-0985647803**

DEDICATION

This book is dedicated to those who want to have fun learning multiplication facts.

MUSICAL TIMETABLES

ACKNOWLEDGMENTS

I would like to thank my husband Melvin for his financial and emotional support, his suggestions and the countless times we laughed while I was completing this book. To my children and my granddaughter thank you for listening to me create the tunes for the multiplication facts. To the young lady at R. C. Conley Elementary (3rd Grade Class 2001) for giving me the challenge to find ways to teach her the facts, thank you.   To all my former and current students at Young Scholars Academy for Excellence (Houston, Texas) thanks for letting me see you enjoy the chants and the impact they made on you learning multiplication. To my mother, siblings and their spouses, thank you for always supporting me!

To the parent...

Musical Timetables uses musical chants to encourage the memorization of basic multiplication facts. By using the chants and following the designed schedule, your child can master one of the steps in the concept of multiplication. This package is designed to provide an individual learning experience.

Research indicates the more practice and senses a child uses, the more likely a child is to retain information. All learning styles, visual, kinesthetic, and auditory are addressed in this package.

Have fun working with your child or just create a quiet place for them to have fun learning.

Challenge your child to become a "Master Fact Buster".

***Master Fact Buster** – 95% or above Accuracy

***Fact Buster** - 85% to 94% Accuracy

21-DAY SCHEDULE

WEEK 1

Day 1

1. Introduce all songs by allowing the child to listen to <u>**CD TRACK 1- Skip Counting 2-12**</u>, and practice at least 3 times each day along with the Skip Counting Chart.
2. Practice writing each set of numbers 2 times each.
3. Display Skip Counting Chart in an area accessible to the child daily.
4. Recite numbers from the Skip Counting Chart 3 times a day.

Day 2   Repeat Day 1 and include the following

1. Practice singing Skip Counting by 1s, 2s, and 3s (2 times each)
   a. CD TRACK 2 – Counting by 1s,
   b. CD TRACK 3 – Counting by 2s
   c. CD TRACK 4 – Counting by 3s
2. Practice writing set numbers 1, 2, and 3 (2 additional times)

Day 3   Repeat Day 1 and include the following

1. Practice singing Skip Counting by 4s, 5s, and 6s (2 times each)
   a. CD TRACK 5 – Counting by 4s,
   b. CD TRACK 6 – Counting by 5s
   c. CD TRACK 7 – Counting by 6s
2. Practice writing set numbers 4, 5, and 6

Day 4   Repeat Day 1 and include the following

1. Practice singing Skip Counting by 7s, 8s, and 9s (2 times each)
   a. CD TRACK 8 – Counting by 7s
   b. CD TRACK 9 – Counting by 8s
   c. CD TRACK 10 – Counting by 9s
2. Practice writing set numbers 7, 8, and 9

Day 5   Repeat Day 1 and include the following

1. Practice singing Skip Counting by 10s, 11s, and 12s (2 times each)
   a. CD TRACK 11 – Counting by 10s,
   b. CD TRACK 12 – Counting by 11s
   c. CD TRACK 13 – Counting by 12s
2. Practice writing set numbers 10, 11, and 12

Day 6   Repeat Day 1 and include the following

1. Activity Sheet – Find the Missing Number
2. Activity Sheet – Writing Backwards (fill in the missing number)
3. Activity Sheet – Write Multiplication Facts (all sets)

Day 7   Repeat Day 1 and include the following

1. Activity Sheet – Find the Missing Number
2. Activity Sheet – Writing Backwards (fill in the missing number)

                3

3. Activity Sheet – Write Multiplication Facts (all sets)

Week 2

Day 1 Practice singing Skip Counting 2-12

1. Write Multiplication Facts 1-6
2. Activity Sheet – Skip Counting by 1's, 2's, 3's, 4's, 5's, 6's ALONG WITH THE CD; Use the following CD Tracks:
   a. CD TRACK 2 – Counting by 1s,
   b. CD TRACK 3 – Counting by 2s
   c. CD TRACK 4 – Counting by 3s
   d. CD TRACK 5 – Counting by 4s,
   e. CD TRACK 6 – Counting by 5s
   f. CD TRACK 7 – Counting by 6s

Day 2 Practice singing Skip Counting 2-12

1. Write Multiplication Facts 7-12
2. Activity Sheet - Skip Counting by 7's, 8's, 9's, 10's, 11's, 12's ALONG WITH THE CD; Use the following CD Tracks:
   a. CD TRACK 8 – Counting by 7s
   b. CD TRACK 9 – Counting by 8s
   c. CD TRACK 10 – Counting by 9s
   d. CD TRACK 11 – Counting by 10s,
   e. CD TRACK 12 – Counting by 11s
   f. CD TRACK 13 – Counting by 12s

Day 3 Repeat Day 1

Day 4 Repeat Day 2

Day 5 Practice singing Skip Counting 2-12

1. Activity Sheets – Complete "Ten fingers and two extra thumbs (1-4)

Day 6 Practice singing Skip Counting Songs 2-12

1. Activity Sheets – Complete "Ten fingers and two extra thumbs (5-8)

Day 7 Practice singing Skip Counting 2-12

1. Activity Sheets – Complete "Ten fingers and two extra thumbs (9-12)

Week 3

Day 1   Sing along with the CD:

      a. Skip Counting 2-12
      b. Multiplication Facts
            a. Track 14 – 1x1
            b. Track 15 – 2x1
            c. Track 16 – 3x1
            d. Track 17 – 4x1
            e. Track 18 – 5x1
            f. Track 19 – 6x1
            g. Track 20 – 7x1
            h. Track 21 – 8x1
            i. Track 22 – 9x1
            j. Track 23 – 10x1
            k. Track 24 – 11x1
            l. Track 25 – 12x1

Activity Sheets – Multiplication Fact – Beat the Clock (2 minute timings to complete each set of facts 1s through 12s)

Day 2   Beat the Clock – Facts 1-3 – No CD (1 minute 30 seconds)

Day 3 Beat the Clock – Facts 4-6 – No CD (1 minute 30 seconds)

Day 4   Beat the Clock 7-9 – No CD (1 minute 30 seconds)

Day 5   Beat the Clock – Facts 10-12 – No CD (1 minute 30 seconds)

Day 6   Beat the Clock – All facts – No CD (1 minute)

Day 7   Beat the Clock – All facts – No CD (1 minute)

The Grand Finale' – Complete Math Facts Assessment (Child must complete 40 facts in 3 minutes with at least 85% accuracy for mastery;

Grading Scale

Number Correct	Grade %
40	100
39	98
38	95
37	93
36	90
35	88
34	85

	1	2	3	4	5	6	7	8	9	10	11	12
Count by 1's	1	2	3	4	5	6	7	8	9	10	11	12
Count by 2's	2	4	6	8	10	12	14	16	18	20	22	24
Count by 3's	3	6	9	12	15	18	21	24	27	30	33	36
Count by 4's	4	8	12	16	20	24	28	32	36	40	44	48
Count by 5's	5	10	15	20	25	30	35	40	45	50	55	60
Count by 6's	6	12	18	24	30	36	42	48	54	60	66	72
Count by 7's	7	14	21	28	35	42	49	56	63	70	77	84
Count by 8's	8	16	24	32	40	48	56	64	72	80	88	96
Count by 9's	9	18	27	36	45	54	63	72	81	90	99	108
Count by 10's	10	20	30	40	50	60	70	80	90	100	110	120
Count by 11's	11	22	33	44	55	66	77	88	99	110	121	132
Count by 12's	12	24	36	48	60	72	84	96	108	120	132	144

TEN FINGERS AND TWO EXTRA THUMBS

Example: use your fingers to skip count and multiply

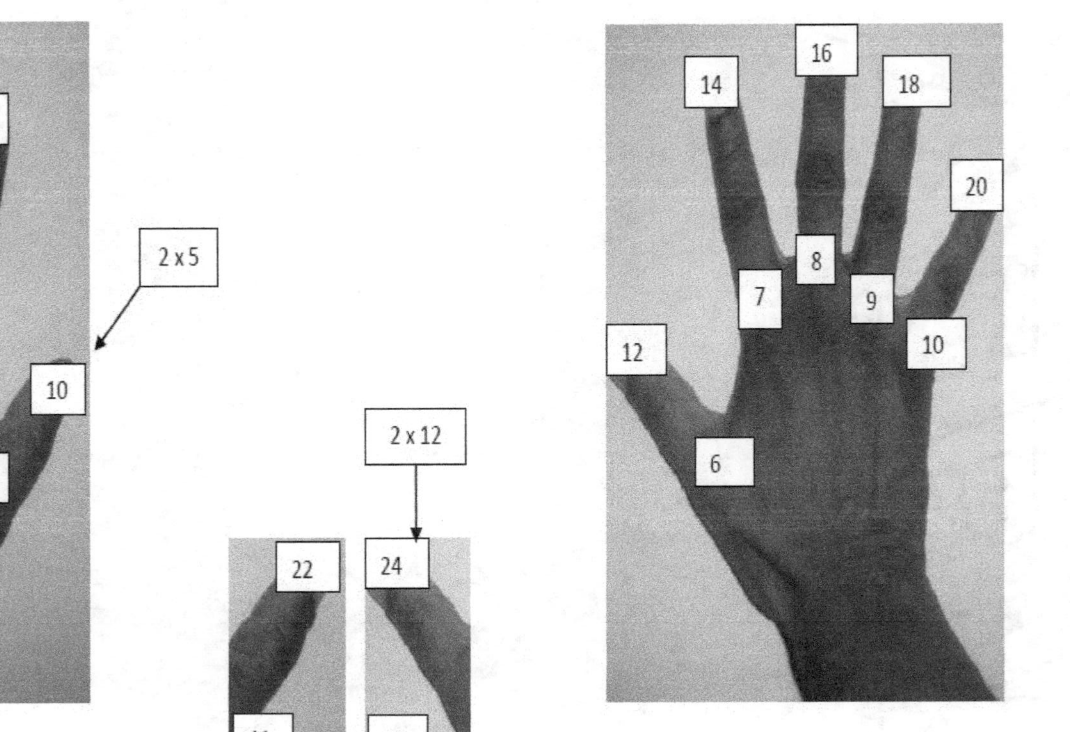

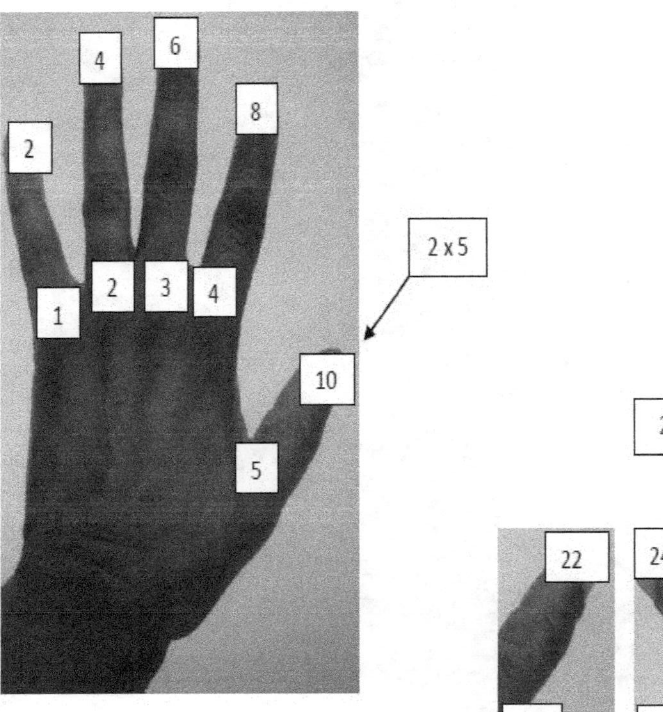

WEEK 1

Week 1 Day 1   Practice writing each set of numbers 2 times each.

Skip Count													
	1												12
	2												24
	3												36
	4												48
	5												60
	6												72
	7												84
	8												96
	9												108
	10												120
	11												132
	12												144

Skip Count												
	1											
	2											
	3											
	4											
	5											
	6											
	7											
	8											
	9											
	10											
	11											
	12											

Week 1 Day 2   Practice writing each set of numbers 2 times each.

Skip Count												
1												12
2												24
3												36
4												48
5												60
6												72
7												84
8												96
9												108
10												120
11												132
12												144

Skip Count												
1												
2												
3												
4												
5												
6												
7												
8												
9												
10												
11												
12												

Week 1 Day 2   Practice writing set numbers 1, 2 and 3

Count by 1's up to 12	1	2										
Count by 1's up to 12	1												
Count by 2's up to 24													
Count by 2's up to 24													
Count by 3's up to 36													
Count by 3's up to 36													

Week 1 Day 3   Practice writing each set of numbers 2 times each.

Skip Count													
	1												12
	2												24
	3												36
	4												48
	5												60
	6												72
	7												84
	8												96
	9												108
	10												120
	11												132
	12												144

Skip Count												
	1											
	2											
	3											
	4											
	5											
	6											
	7											
	8											
	9											
	10											
	11											
	12											

Week 1 Day 3   Practice writing set numbers 4, 5, and 6

Count by 4's up to 48	4										
Count by 4's up to 48											
Count by 5's up to 60	5										
Count by 5's up to 60											
Count by 6's up to 72	6										
Count by 6's up to 72											

Week 1 Day 4   Practice writing each set of numbers 2 times each.

Skip Count												
1												12
2												24
3												36
4												48
5												60
6												72
7												84
8												96
9												108
10												120
11												132
12												144

Skip Count												
1												
2												
3												
4												
5												
6												
7												
8												
9												
10												
11												
12												

Week 1 Day 4   Practice writing set numbers 7, 8, and 9

Count by 7's up to 84											
Count by 7's up to 84											
Count by 8's up to 96											
Count by 8's up to 96											
Count by 9's up to 108											
Count by 9's up to 108											

Week 1 Day 5   Practice writing each set of numbers 2 times each.

Skip Count

1											12
2											24
3											36
4											48
5											60
6											72
7											84
8											96
9											108
10											120
11											132
12											144

Skip Count

1											
2											
3											
4											
5											
6											
7											
8											
9											
10											
11											
12											

Week 1 Day 5 — Practice writing set numbers 10, 11, and 12

Count by 10's up to 120										
Count by 10's up to 120										
Count by 11's up to 132										
Count by 11's up to 132										
Count by 12's up to 144										
Count by 12's up to 144										

Week 1 Day 6   Practice writing each set of numbers 2 times each.

Skip Count													
1													12
2													24
3													36
4													48
5													60
6													72
7													84
8													96
9													108
10													120
11													132
12													144

Skip Count													
1													
2													
3													
4													
5													
6													
7													
8													
9													
10													
11													
12													

Week 1 Day 6 Activity #1 FIND THE MISSING NUMBERS

		6		10				18			24
3			12				24				
		36			72		96				144
	16		32			56					
1			4				8				
	20		40						100		
7											84
		18		30			48				
					24			36			
	18									99	

Week 1 Day 6   Activity # 2   Skip Counting Backward

1										11	12
											24
											36
4											48
											60
											72
											84
8											96
											108
											120
											132
12											144

Week 1 Day 6 Activity #3   Multiplication Fact Sheet

1 x 1 = ____	2 x 1 = ____	3 x 1 = ____	4 x 1 = ____	5 x 1 = ____	6 x 1 = ____
1 x 2 = ____	2 x 2 = ____	3 x 2 = ____	4 x 2 = ____	5 x 2 = ____	6 x 2 = ____
1 x 3 = ____	2 x 3 = ____	3 x 3 = ____	4 x 3 = ____	5 x 3 = ____	6 x 3 = ____
1 x 4 = ____	2 x 4 = ____	3 x 4 = ____	4 x 4 = ____	5 x 4 = ____	6 x 4 = ____
1 x 5 = ____	2 x 5 = ____	3 x 5 = ____	4 x 5 = ____	5 x 5 = ____	6 x 5 = ____
1 x 6 = ____	2 x 6 = ____	3 x 6 = ____	4 x 6 = ____	5 x 6 = ____	6 x 6 = ____
1 x 7 = ____	2 x 7 = ____	3 x 7 = ____	4 x 7 = ____	5 x 7 = ____	6 x 7 = ____
1 x 8 = ____	2 x 8 = ____	3 x 8 = ____	4 x 8 = ____	5 x 8 = ____	6 x 8 = ____
1 x 9 = ____	2 x 9 = ____	3 x 9 = ____	4 x 9 = ____	5 x 9 = ____	6 x 9 = ____
1 x 10 = ____	2 x 10 = ____	3 x 10 = ____	4 x 10 = ____	5 x 10 = ____	6 x 10 = ____
1 x 11 = ____	2 x 11 = ____	3 x 11 = ____	4 x 11 = ____	5 x 11 = ____	6 x 11 = ____
1 x 12 = ____	2 x 12 = ____	3 x 12 = ____	4 x 12 = ____	5 x 12 = ____	6 x 12 = ____

7 x 1 = ____	8 x 1 = ____	9 x 1 = ____	10 x 1 = ____	11 x 1 = ____	12 x 1 = ____
7 x 2 = ____	8 x 2 = ____	9 x 2 = ____	10 x 2 = ____	11 x 2 = ____	12 x 2 = ____
7 x 3 = ____	8 x 3 = ____	9 x 3 = ____	10 x 3 = ____	11 x 3 = ____	12 x 3 = ____
7 x 4 = ____	8 x 4 = ____	9 x 4 = ____	10 x 4 = ____	11 x 4 = ____	12 x 4 = ____
7 x 5 = ____	8 x 5 = ____	9 x 5 = ____	10 x 5 = ____	11 x 5 = ____	12 x 5 = ____
7 x 6 = ____	8 x 6 = ____	9 x 6 = ____	10 x 6 = ____	11 x 6 = ____	12 x 6 = ____
7 x 7 = ____	8 x 7 = ____	9 x 7 = ____	10 x 7 = ____	11 x 7 = ____	12 x 7 = ____
7 x 8 = ____	8 x 8 = ____	9 x 8 = ____	10 x 8 = ____	11 x 8 = ____	12 x 8 = ____
7 x 9 = ____	8 x 9 = ____	9 x 9 = ____	10 x 9 = ____	11 x 9 = ____	12 x 9 = ____
7 x 10 = ____	8 x 10 = ____	9 x 10 = ____	10 x 10 = ____	11 x 10 = ____	12 x 10 = ____
7 x 11 = ____	8 x 11 = ____	9 x 11 = ____	10 x 11 = ____	11 x 11 = ____	12 x 11 = ____
7 x 12 = ____	8 x 12 = ____	9 x 12 = ____	10 x 12 = ____	11 x 12 = ____	12 x 12 = ____

Week 1 Day 7   Practice writing each set of numbers 2 times each.

Skip Count													
1													12
2													24
3													36
4													48
5													60
6													72
7													84
8													96
9													108
10													120
11													132
12													144

Skip Count													
1													
2													
3													
4													
5													
6													
7													
8													
9													
10													
11													
12													

Week 1 Day 7 Activity #1   FIND THE MISSING NUMBERS

		6		10				18			24
3			12				24				
		36			72		96				144
	16		32			56					
1			4				8				
	20		40						100		
7											84
		18		30			48				
					24			36			
	18									99	

Week 1 Day 7   Activity # 2   Skip Counting Backward

											12
											24
											36
											48
											60
											72
											84
											96
											108
											120
											132
											144

Week 1 Day 7 Activity #3   Multiplication Fact Sheet

Skip Count

1											12
2											24
3											36
4											48
5											60
6											72
7											84
8											96
9											108
10											120
11											132
12											144

Skip Count

1											
2											
3											
4											
5											
6											
7											
8											
9											
10											
11											
12											

WEEK 2

Week 2 Day 1 Activity #1   **Multiplication Fact Sheet**

1 x 1 = ____	2 x 1 = ____	3 x 1 = ____	4 x 1 = ____	5 x 1 = ____	6 x 1 = ____
1 x 2 = ____	2 x 2 = ____	3 x 2 = ____	4 x 2 = ____	5 x 2 = ____	6 x 2 = ____
1 x 3 = ____	2 x 3 = ____	3 x 3 = ____	4 x 3 = ____	5 x 3 = ____	6 x 3 = ____
1 x 4 = ____	2 x 4 = ____	3 x 4 = ____	4 x 4 = ____	5 x 4 = ____	6 x 4 = ____
1 x 5 = ____	2 x 5 = ____	3 x 5 = ____	4 x 5 = ____	5 x 5 = ____	6 x 5 = ____
1 x 6 = ____	2 x 6 = ____	3 x 6 = ____	4 x 6 = ____	5 x 6 = ____	6 x 6 = ____
1 x 7 = ____	2 x 7 = ____	3 x 7 = ____	4 x 7 = ____	5 x 7 = ____	6 x 7 = ____
1 x 8 = ____	2 x 8 = ____	3 x 8 = ____	4 x 8 = ____	5 x 8 = ____	6 x 8 = ____
1 x 9 = ____	2 x 9 = ____	3 x 9 = ____	4 x 9 = ____	5 x 9 = ____	6 x 9 = ____
1 x 10 = ____	2 x 10 = ____	3 x 10 = ____	4 x 10 = ____	5 x 10 = ____	6 x 10 = ____
1 x 11 = ____	2 x 11 = ____	3 x 11 = ____	4 x 11 = ____	5 x 11 = ____	6 x 11 = ____
1 x 12 = ____	2 x 12 = ____	3 x 12 = ____	4 x 12 = ____	5 x 12 = ____	6 x 12 = ____

Week 2 Day 1   Count   by 1's

Skip Count by 2's

Week 2 Day 1   Skip Count by 3's

Skip Count by 4's

Week 2 Day 1   Skip Count by 5's

Skip Count by 6's

Week 2 Day 2 Activity #1   Multiplication Fact Sheet

7 x 1 = ___	8 x 1 = ___	9 x 1 = ___	10 x 1 = ___	11 x 1 = ___	12 x 1 = ___
7 x 2 = ___	8 x 2 = ___	9 x 2 = ___	10 x 2 = ___	11 x 2 = ___	12 x 2 = ___
7 x 3 = ___	8 x 3 = ___	9 x 3 = ___	10 x 3 = ___	11 x 3 = ___	12 x 3 = ___
7 x 4 = ___	8 x 4 = ___	9 x 4 = ___	10 x 4 = ___	11 x 4 = ___	12 x 4 = ___
7 x 5 = ___	8 x 5 = ___	9 x 5 = ___	10 x 5 = ___	11 x 5 = ___	12 x 5 = ___
7 x 6 = ___	8 x 6 = ___	9 x 6 = ___	10 x 6 = ___	11 x 6 = ___	12 x 6 = ___
7 x 7 = ___	8 x 7 = ___	9 x 7 = ___	10 x 7 = ___	11 x 7 = ___	12 x 7 = ___
7 x 8 = ___	8 x 8 = ___	9 x 8 = ___	10 x 8 = ___	11 x 8 = ___	12 x 8 = ___
7 x 9 = ___	8 x 9 = ___	9 x 9 = ___	10 x 9 = ___	11 x 9 = ___	12 x 9 = ___
7 x 10 = ___	8 x 10 = ___	9 x 10 = ___	10 x 10 = ___	11 x 10 = ___	12 x 10 = ___
7 x 11 = ___	8 x 11 = ___	9 x 11 = ___	10 x 11 = ___	11 x 11 = ___	12 x 11 = ___
7 x 12 = ___	8 x 12 = ___	9 x 12 = ___	10 x 12 = ___	11 x 12 = ___	12 x 12 = ___

                    31

Week 2 Day 2   Skip Count by 7's

Skip Count by 8's

Week 2 Day 2　　　Skip Count by 9's

Skip Count by 10's

Week 2 Day 2   Skip Count by 11's

Skip Count by 12's

Week 2 Day 3 Activity #1   **Multiplication Fact Sheet**

1 x 1 = _____	2 x 1 = _____	3 x 1 = _____	4 x 1 = _____	5 x 1 = _____	6 x 1 = _____
1 x 2 = _____	2 x 2 = _____	3 x 2 = _____	4 x 2 = _____	5 x 2 = _____	6 x 2 = _____
1 x 3 = _____	2 x 3 = _____	3 x 3 = _____	4 x 3 = _____	5 x 3 = _____	6 x 3 = _____
1 x 4 = _____	2 x 4 = _____	3 x 4 = _____	4 x 4 = _____	5 x 4 = _____	6 x 4 = _____
1 x 5 = _____	2 x 5 = _____	3 x 5 = _____	4 x 5 = _____	5 x 5 = _____	6 x 5 = _____
1 x 6 = _____	2 x 6 = _____	3 x 6 = _____	4 x 6 = _____	5 x 6 = _____	6 x 6 = _____
1 x 7 = _____	2 x 7 = _____	3 x 7 = _____	4 x 7 = _____	5 x 7 = _____	6 x 7 = _____
1 x 8 = _____	2 x 8 = _____	3 x 8 = _____	4 x 8 = _____	5 x 8 = _____	6 x 8 = _____
1 x 9 = _____	2 x 9 = _____	3 x 9 = _____	4 x 9 = _____	5 x 9 = _____	6 x 9 = _____
1 x 10 = _____	2 x 10 = _____	3 x 10 = _____	4 x 10 = _____	5 x 10 = _____	6 x 10 = _____
1 x 11 = _____	2 x 11 = _____	3 x 11 = _____	4 x 11 = _____	5 x 11 = _____	6 x 11 = _____
1 x 12 = _____	2 x 12 = _____	3 x 12 = _____	4 x 12 = _____	5 x 12 = _____	6 x 12 = _____

Week 2 Day 3   Count by 1's

Skip Count by 2's

Week 2 Day 3   Skip Count by 3's

Skip Count by 4's

Week 2 Day 3   Skip Count by 5's

Skip Count by 6's

Week 2 Day 4 Activity #1   Multiplication Fact Sheet

7 x 1 = ___	8 x 1 = ___	9 x 1 = ___	10 x 1 = ___	11 x 1 = ___	12 x 1 = ___
7 x 2 = ___	8 x 2 = ___	9 x 2 = ___	10 x 2 = ___	11 x 2 = ___	12 x 2 = ___
7 x 3 = ___	8 x 3 = ___	9 x 3 = ___	10 x 3 = ___	11 x 3 = ___	12 x 3 = ___
7 x 4 = ___	8 x 4 = ___	9 x 4 = ___	10 x 4 = ___	11 x 4 = ___	12 x 4 = ___
7 x 5 = ___	8 x 5 = ___	9 x 5 = ___	10 x 5 = ___	11 x 5 = ___	12 x 5 = ___
7 x 6 = ___	8 x 6 = ___	9 x 6 = ___	10 x 6 = ___	11 x 6 = ___	12 x 6 = ___
7 x 7 = ___	8 x 7 = ___	9 x 7 = ___	10 x 7 = ___	11 x 7 = ___	12 x 7 = ___
7 x 8 = ___	8 x 8 = ___	9 x 8 = ___	10 x 8 = ___	11 x 8 = ___	12 x 8 = ___
7 x 9 = ___	8 x 9 = ___	9 x 9 = ___	10 x 9 = ___	11 x 9 = ___	12 x 9 = ___
7 x 10 = ___	8 x 10 = ___	9 x 10 = ___	10 x 10 = ___	11 x 10 = ___	12 x 10 = ___
7 x 11 = ___	8 x 11 = ___	9 x 11 = ___	10 x 11 = ___	11 x 11 = ___	12 x 11 = ___
7 x 12 = ___	8 x 12 = ___	9 x 12 = ___	10 x 12 = ___	11 x 12 = ___	12 x 12 = ___

Week 2 Day 4   Skip Count by 7's

Skip Count by 8's

Week 2 Day 4   Skip Count by 9's

Skip Count by 10's

Week 2 Day 4   Skip Count by 11's

Skip Count by 12's

Week 2 Day 5
Ten Fingers and 2 Extra thumbs
Complete a Hand for each Skip Counting Set
Counting by 1's

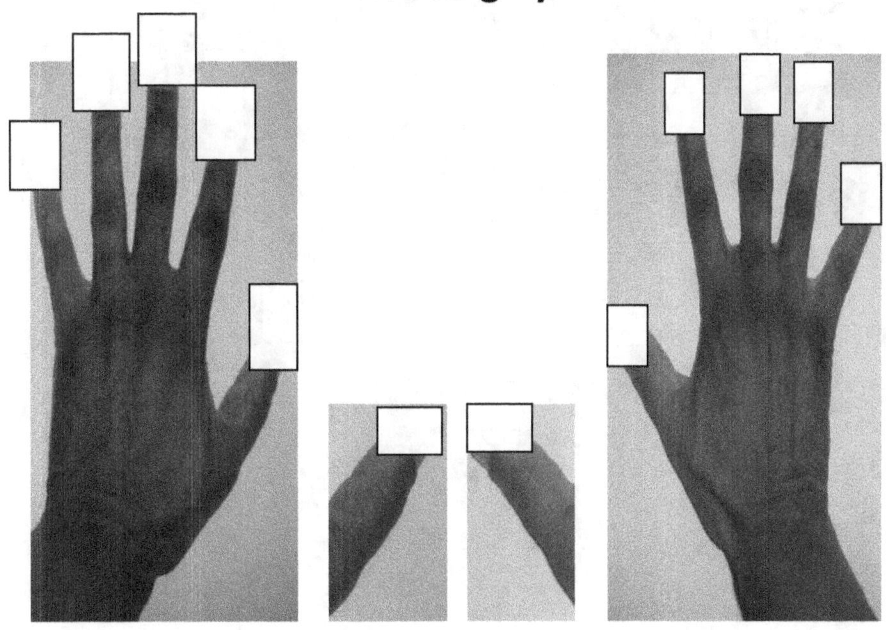

Week 2 Day 5
Ten Fingers and 2 Extra thumbs
Complete a Hand for each Skip Counting Set
Counting by 2's

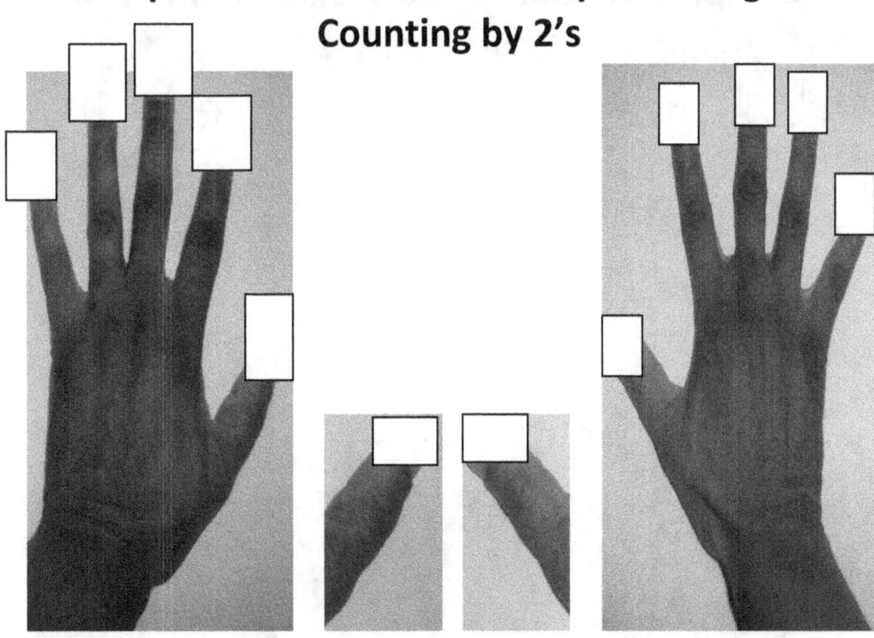

Week 2 Day 5
Ten Fingers and 2 Extra thumbs
Complete a Hand for each Skip Counting Set
Counting by 3's

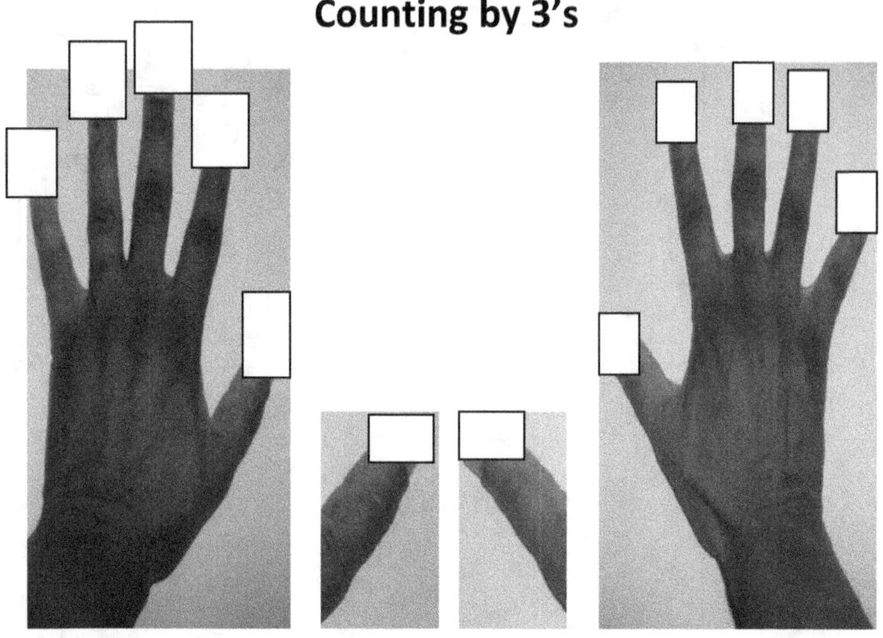

Week 2 Day 5
Ten Fingers and 2 Extra thumbs
Complete a Hand for each Skip Counting Set
Counting by 4's

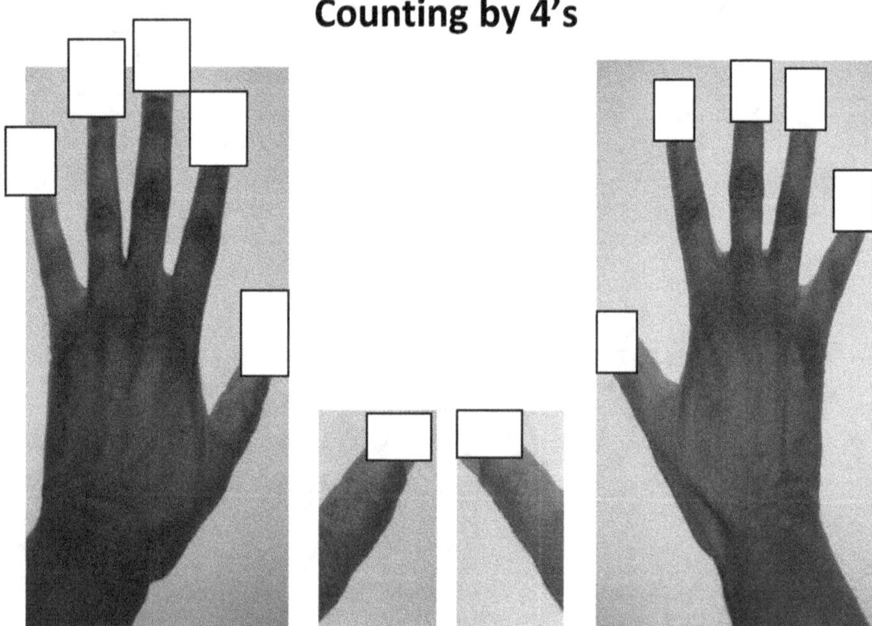

Week 2 Day 6
Ten Fingers and 2 Extra thumbs
Complete a Hand for each Skip Counting Set
Counting by 5's

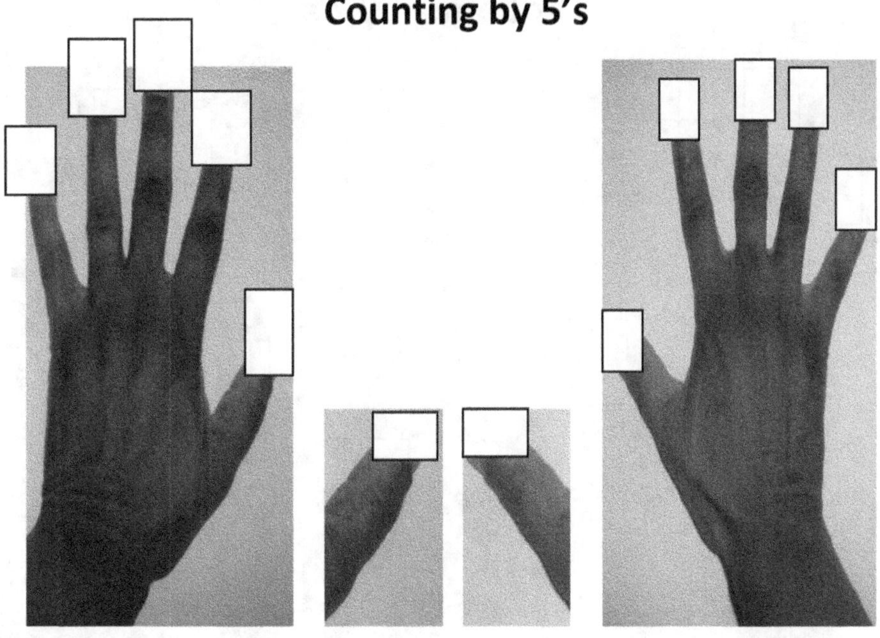

Week 2 Day 6
Ten Fingers and 2 Extra thumbs
Complete a Hand for each Skip Counting Set
Counting by 6's

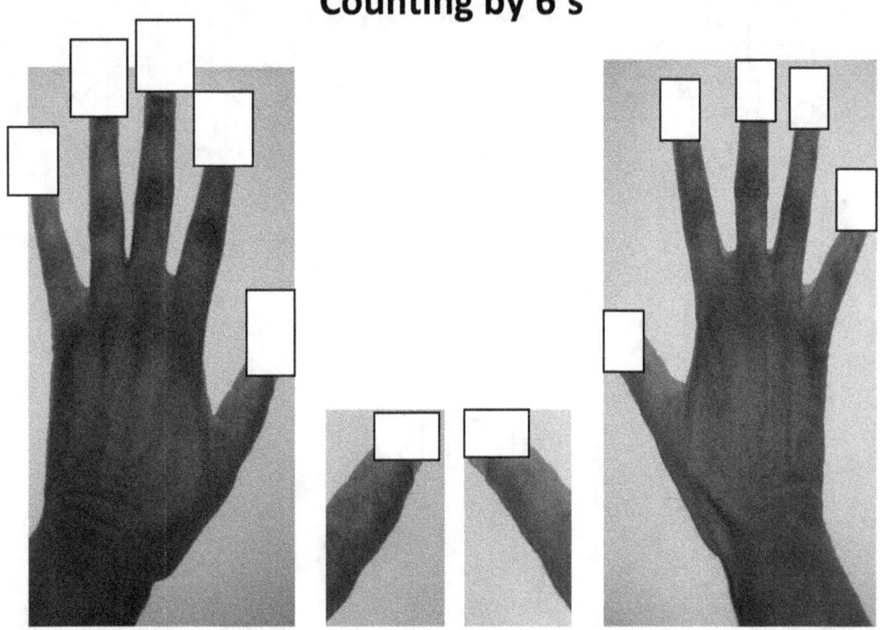

Week 2 Day 6
Ten Fingers and 2 Extra thumbs
Complete a Hand for each Skip Counting Set
Counting by 7's

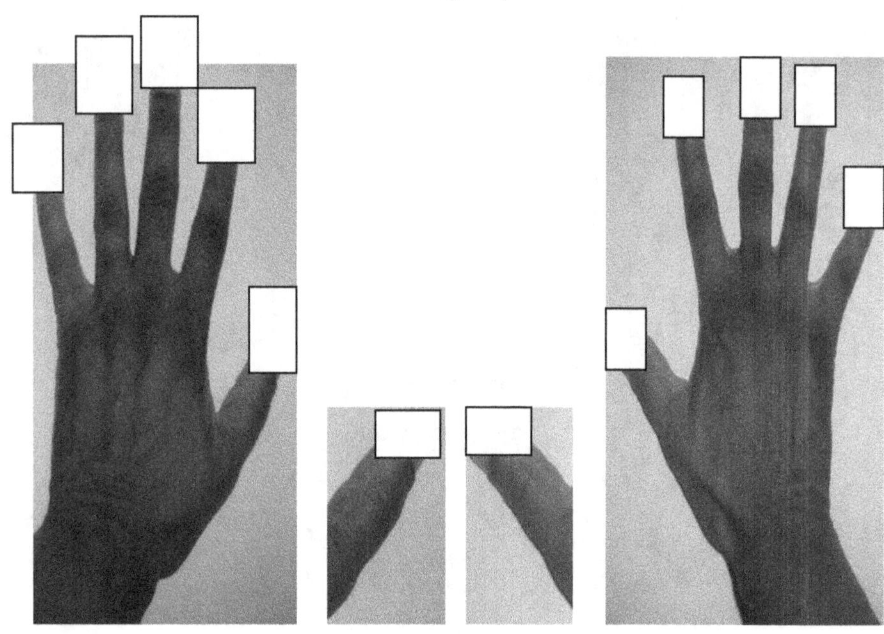

Week 2 Day 6
Ten Fingers and 2 Extra thumbs
Complete a Hand for each Skip Counting Set
Counting by 8's

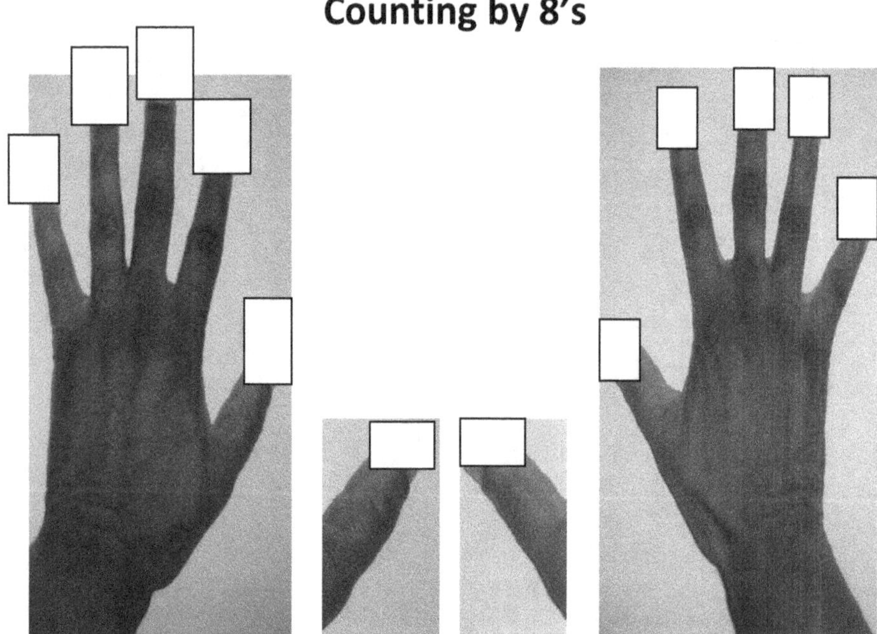

Week 2 Day 7
Ten Fingers and 2 Extra thumbs
Complete a Hand for each Skip Counting Set
Counting by 9's

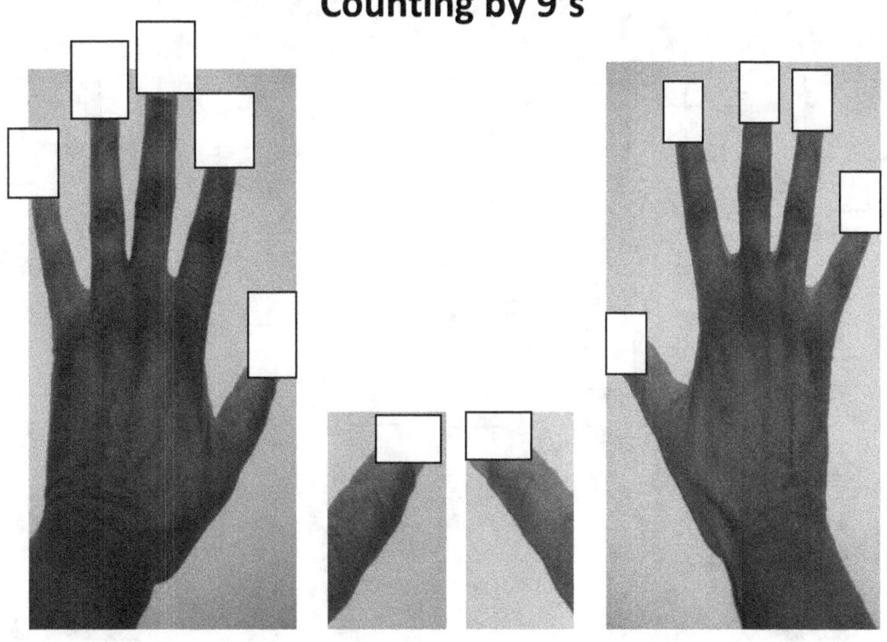

Week 2 Day 7
Ten Fingers and 2 Extra thumbs
Complete a Hand for each Skip Counting Set
Counting by 10's

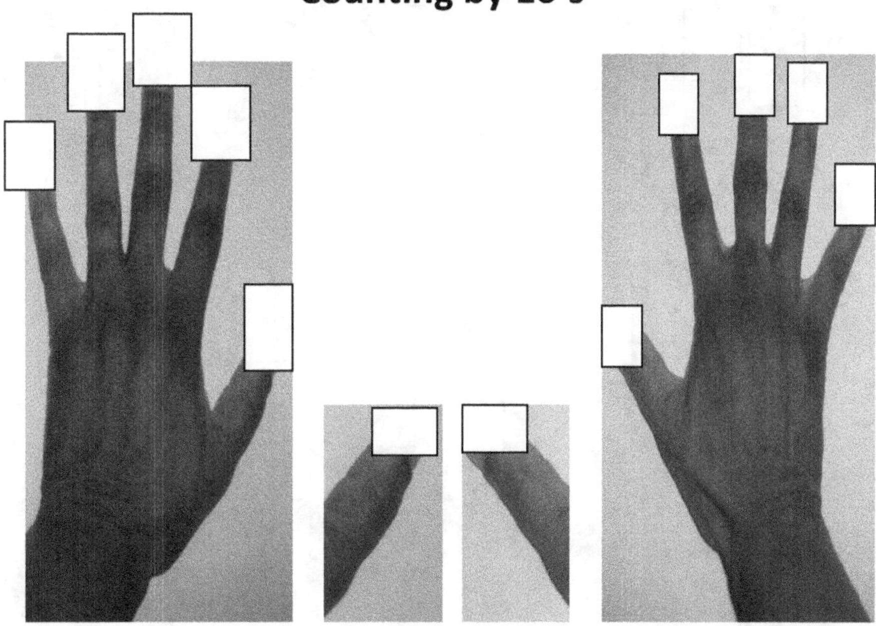

Week 2 Day 7
Ten Fingers and 2 Extra thumbs
Complete a Hand for each Skip Counting Set
Counting by 11's

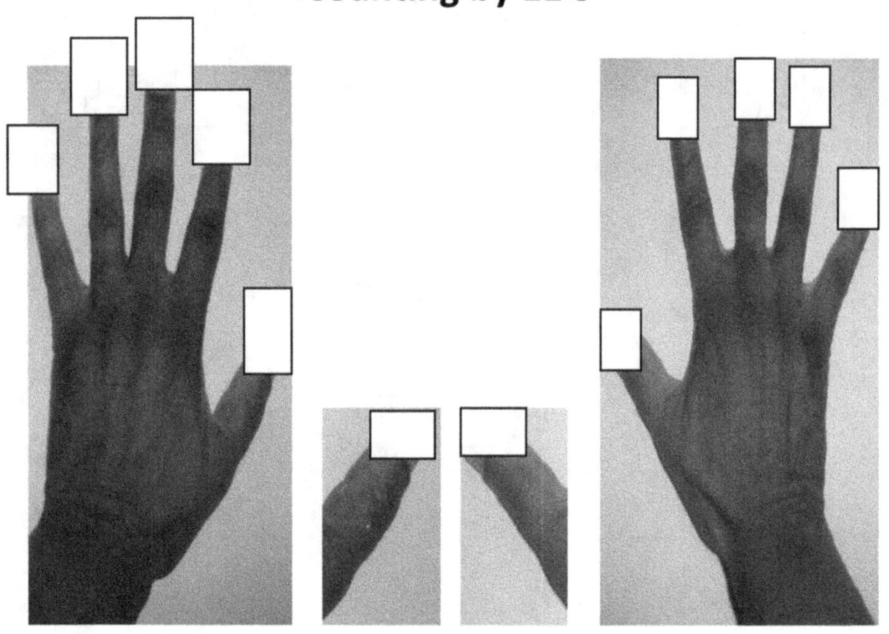

Week 2 Day 7
Ten Fingers and 2 Extra thumbs
Complete a Hand for each Skip Counting Set
Counting by 12's

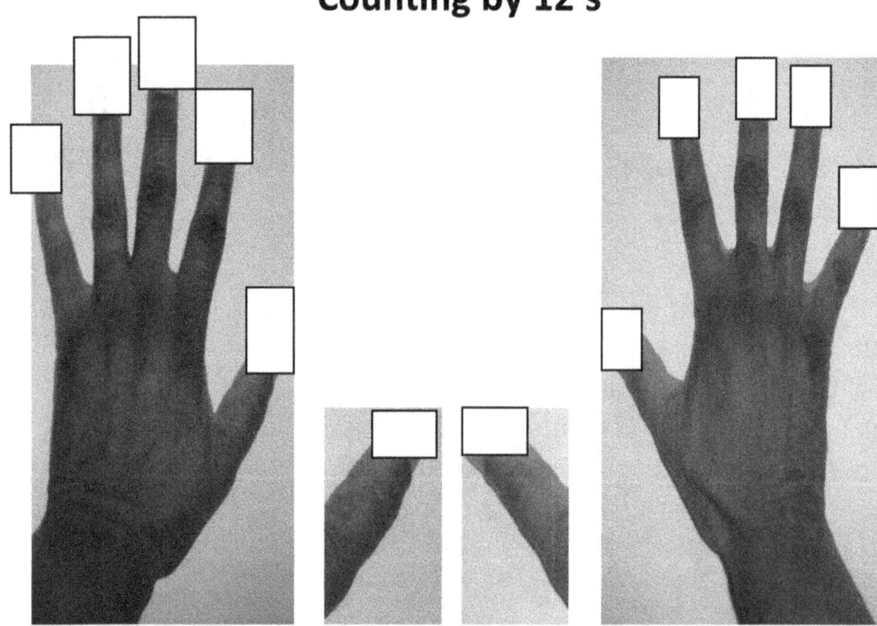

WEEK 3

Week 3 Day 1   Multiplication Fact Sheet   BEAT THE CLOCK

1 x 1 = ____	2 x 1 = ____	3 x 1 = ____	4 x 1 = ____	5 x 1 = ____	6 x 1 = ____
1 x 2 = ____	2 x 2 = ____	3 x 2 = ____	4 x 2 = ____	5 x 2 = ____	6 x 2 = ____
1 x 3 = ____	2 x 3 = ____	3 x 3 = ____	4 x 3 = ____	5 x 3 = ____	6 x 3 = ____
1 x 4 = ____	2 x 4 = ____	3 x 4 = ____	4 x 4 = ____	5 x 4 = ____	6 x 4 = ____
1 x 5 = ____	2 x 5 = ____	3 x 5 = ____	4 x 5 = ____	5 x 5 = ____	6 x 5 = ____
1 x 6 = ____	2 x 6 = ____	3 x 6 = ____	4 x 6 = ____	5 x 6 = ____	6 x 6 = ____
1 x 7 = ____	2 x 7 = ____	3 x 7 = ____	4 x 7 = ____	5 x 7 = ____	6 x 7 = ____
1 x 8 = ____	2 x 8 = ____	3 x 8 = ____	4 x 8 = ____	5 x 8 = ____	6 x 8 = ____
1 x 9 = ____	2 x 9 = ____	3 x 9 = ____	4 x 9 = ____	5 x 9 = ____	6 x 9 = ____
1 x 10 = ____	2 x 10 = ____	3 x 10 = ____	4 x 10 = ____	5 x 10 = ____	6 x 10 = ____
1 x 11 = ____	2 x 11 = ____	3 x 11 = ____	4 x 11 = ____	5 x 11 = ____	6 x 11 = ____
1 x 12 = ____	2 x 12 = ____	3 x 12 = ____	4 x 12 = ____	5 x 12 = ____	6 x 12 = ____

7 x 1 = ____	8 x 1 = ____	9 x 1 = ____	10 x 1 = ____	11 x 1 = ____	12 x 1 = ____
7 x 2 = ____	8 x 2 = ____	9 x 2 = ____	10 x 2 = ____	11 x 2 = ____	12 x 2 = ____
7 x 3 = ____	8 x 3 = ____	9 x 3 = ____	10 x 3 = ____	11 x 3 = ____	12 x 3 = ____
7 x 4 = ____	8 x 4 = ____	9 x 4 = ____	10 x 4 = ____	11 x 4 = ____	12 x 4 = ____
7 x 5 = ____	8 x 5 = ____	9 x 5 = ____	10 x 5 = ____	11 x 5 = ____	12 x 5 = ____
7 x 6 = ____	8 x 6 = ____	9 x 6 = ____	10 x 6 = ____	11 x 6 = ____	12 x 6 = ____
7 x 7 = ____	8 x 7 = ____	9 x 7 = ____	10 x 7 = ____	11 x 7 = ____	12 x 7 = ____
7 x 8 = ____	8 x 8 = ____	9 x 8 = ____	10 x 8 = ____	11 x 8 = ____	12 x 8 = ____
7 x 9 = ____	8 x 9 = ____	9 x 9 = ____	10 x 9 = ____	11 x 9 = ____	12 x 9 = ____
7 x 10 = ____	8 x 10 = ____	9 x 10 = ____	10 x 10 = ____	11 x 10 = ____	12 x 10 = ____
7 x 11 = ____	8 x 11 = ____	9 x 11 = ____	10 x 11 = ____	11 x 11 = ____	12 x 11 = ____
7 x 12 = ____	8 x 12 = ____	9 x 12 = ____	10 x 12 = ____	11 x 12 = ____	12 x 12 = ____

WEEK 3 DAY 2

Name _______________________   **Name** _______________________   **Name** _______________________

1.	$1 \times 6 =$ _______
2.	$1 \times 8 =$ _______
3.	$1 \times 3 =$ _______
4.	$1 \times 2 =$ _______
5.	$1 \times 1 =$ _______
6.	$1 \times 7 =$ _______
7.	$1 \times 9 =$ _______
8.	$1 \times 5 =$ _______
9.	$1 \times 10 =$ _______
10.	$1 \times 4 =$ _______
11.	$1 \times 11 =$ _______
12.	$1 \times 12 =$ _______

1.	$2 \times 6 =$ _______
2.	$2 \times 8 =$ _______
3.	$2 \times 3 =$ _______
4.	$2 \times 2 =$ _______
5.	$2 \times 1 =$ _______
6.	$2 \times 7 =$ _______
7.	$2 \times 9 =$ _______
8.	$2 \times 5 =$ _______
9.	$2 \times 10 =$ _______
10.	$2 \times 4 =$ _______
11.	$2 \times 11 =$ _______
12.	$2 \times 12 =$ _______

1.	$3 \times 6 =$ _______
2.	$3 \times 8 =$ _______
3.	$3 \times 3 =$ _______
4.	$3 \times 2 =$ _______
5.	$3 \times 1 =$ _______
6.	$3 \times 7 =$ _______
7.	$3 \times 9 =$ _______
8.	$3 \times 5 =$ _______
9.	$3 \times 10 =$ _______
10.	$3 \times 4 =$ _______
11.	$3 \times 11 =$ _______
12.	$3 \times 12 =$ _______

Score ___________   **Score** ___________   **Score** ___________

Date ___________   **Date** ___________   **Date** ___________

WEEK 3 DAY 3

Name _________________

1. 4 x 6 = _________
2. 4 x 8 = _________
3. 4 x 3 = _________
4. 4 x 2 = _________
5. 4 x 1 = _________
6. 4 x 7 = _________
7. 4 x 9 = _________
8. 4 x 5 = _________
9. 4 x 10 = _________
10. 4 x 4 = _________
11. 4 x 11 = _________
12. 4 x 12 = _________

Score _________

Date _________

Name _________________

1. 5 x 6 = _________
2. 5 x 8 = _________
3. 5 x 3 = _________
4. 5 x 2 = _________
5. 5 x 1 = _________
6. 5 x 7 = _________
7. 5 x 9 = _________
8. 5 x 5 = _________
9. 5 x 10 = _________
10. 5 x 4 = _________
11. 5 x 11 = _________
12. 5 x 12 = _________

Score _________

Date _________

Name _________________

1. 6 x 6 = _________
2. 6 x 8 = _________
3. 6 x 3 = _________
4. 6 x 2 = _________
5. 6 x 1 = _________
6. 6 x 7 = _________
7. 6 x 9 = _________
8. 6 x 5 = _________
9. 6 x 10 = _________
10. 6 x 4 = _________
11. 6 x 11 = _________
12. 6 x 12 = _________

Score _________

Date _________

WEEK 3 DAY 4

Name ___________________	**Name** ___________________	**Name** ___________________

1. $7 \times 6 =$ _________	1. $8 \times 6 =$ _________	1. $9 \times 6 =$ _________
2. $7 \times 8 =$ _________	2. $8 \times 8 =$ _________	2. $9 \times 8 =$ _________
3. $7 \times 3 =$ _________	3. $8 \times 3 =$ _________	3. $9 \times 3 =$ _________
4. $7 \times 2 =$ _________	4. $8 \times 2 =$ _________	4. $9 \times 2 =$ _________
5. $7 \times 1 =$ _________	5. $8 \times 1 =$ _________	5. $9 \times 1 =$ _________
6. $7 \times 7 =$ _________	6. $8 \times 7 =$ _________	6. $9 \times 7 =$ _________
7. $7 \times 9 =$ _________	7. $8 \times 9 =$ _________	7. $9 \times 9 =$ _________
8. $7 \times 5 =$ _________	8. $8 \times 5 =$ _________	8. $9 \times 5 =$ _________
9. $7 \times 10 =$ _________	9. $8 \times 10 =$ _________	9. $9 \times 10 =$ _________
10. $7 \times 4 =$ _________	10. $8 \times 4 =$ _________	10. $9 \times 4 =$ _________
11. $7 \times 11 =$ _________	11. $8 \times 11 =$ _________	11. $9 \times 11 =$ _________
12. $7 \times 12 =$ _________	12. $8 \times 12 =$ _________	12. $9 \times 12 =$ _________

Score ___________ **Date** ___________	**Score** ___________ **Date** ___________	**Score** ___________ **Date** ___________

WEEK 3 DAY 5

Name _____________________

1. 10 x 6 = _________
2. 10 x 8 = _________
3. 10 x 3 = _________
4. 10 x 2 = _________
5. 10 x 1 = _________
6. 10 x 7 = _________
7. 10 x 9 = _________
8. 10 x 5 = _________
9. 10 x 10 = _________
10. 10 x 4 = _________
11. 10 x 11 = _________
12. 10 x 12 = _________

Name _____________________

1. 11 x 6 = _________
2. 11 x 8 = _________
3. 11 x 3 = _________
4. 11 x 2 = _________
5. 11 x 1 = _________
6. 11 x 7 = _________
7. 11 x 9 = _________
8. 11 x 5 = _________
9. 11 x 10 = _________
10. 11 x 4 = _________
11. 11 x 11 = _________
12. 11 x 12 = _________

Name _____________________

1. 12 x 6 = _________
2. 12 x 8 = _________
3. 12 x 3 = _________
4. 12 x 2 = _________
5. 12 x 1 = _________
6. 12 x 7 = _________
7. 12 x 9 = _________
8. 12 x 5 = _________
9. 12 x 10 = _________
10. 12 x 4 = _________
11. 12 x 11 = _________
12. 12 x 12 = _________

Score _____________

Date _____________

Score _____________

Date _____________

Score _____________

Date _____________

Week 3 Day 6   Multiplication Fact Sheet   BEAT THE CLOCK

1 x 1 = ____	2 x 1 = ____	3 x 1 = ____	4 x 1 = ____	5 x 1 = ____	6 x 1 = ____
1 x 2 = ____	2 x 2 = ____	3 x 2 = ____	4 x 2 = ____	5 x 2 = ____	6 x 2 = ____
1 x 3 = ____	2 x 3 = ____	3 x 3 = ____	4 x 3 = ____	5 x 3 = ____	6 x 3 = ____
1 x 4 = ____	2 x 4 = ____	3 x 4 = ____	4 x 4 = ____	5 x 4 = ____	6 x 4 = ____
1 x 5 = ____	2 x 5 = ____	3 x 5 = ____	4 x 5 = ____	5 x 5 = ____	6 x 5 = ____
1 x 6 = ____	2 x 6 = ____	3 x 6 = ____	4 x 6 = ____	5 x 6 = ____	6 x 6 = ____
1 x 7 = ____	2 x 7 = ____	3 x 7 = ____	4 x 7 = ____	5 x 7 = ____	6 x 7 = ____
1 x 8 = ____	2 x 8 = ____	3 x 8 = ____	4 x 8 = ____	5 x 8 = ____	6 x 8 = ____
1 x 9 = ____	2 x 9 = ____	3 x 9 = ____	4 x 9 = ____	5 x 9 = ____	6 x 9 = ____
1 x 10 = ____	2 x 10 = ____	3 x 10 = ____	4 x 10 = ____	5 x 10 = ____	6 x 10 = ____
1 x 11 = ____	2 x 11 = ____	3 x 11 = ____	4 x 11 = ____	5 x 11 = ____	6 x 11 = ____
1 x 12 = ____	2 x 12 = ____	3 x 12 = ____	4 x 12 = ____	5 x 12 = ____	6 x 12 = ____

7 x 1 = ____	8 x 1 = ____	9 x 1 = ____	10 x 1 = ____	11 x 1 = ____	12 x 1 = ____
7 x 2 = ____	8 x 2 = ____	9 x 2 = ____	10 x 2 = ____	11 x 2 = ____	12 x 2 = ____
7 x 3 = ____	8 x 3 = ____	9 x 3 = ____	10 x 3 = ____	11 x 3 = ____	12 x 3 = ____
7 x 4 = ____	8 x 4 = ____	9 x 4 = ____	10 x 4 = ____	11 x 4 = ____	12 x 4 = ____
7 x 5 = ____	8 x 5 = ____	9 x 5 = ____	10 x 5 = ____	11 x 5 = ____	12 x 5 = ____
7 x 6 = ____	8 x 6 = ____	9 x 6 = ____	10 x 6 = ____	11 x 6 = ____	12 x 6 = ____
7 x 7 = ____	8 x 7 = ____	9 x 7 = ____	10 x 7 = ____	11 x 7 = ____	12 x 7 = ____
7 x 8 = ____	8 x 8 = ____	9 x 8 = ____	10 x 8 = ____	11 x 8 = ____	12 x 8 = ____
7 x 9 = ____	8 x 9 = ____	9 x 9 = ____	10 x 9 = ____	11 x 9 = ____	12 x 9 = ____
7 x 10 = ____	8 x 10 = ____	9 x 10 = ____	10 x 10 = ____	11 x 10 = ____	12 x 10 = ____
7 x 11 = ____	8 x 11 = ____	9 x 11 = ____	10 x 11 = ____	11 x 11 = ____	12 x 11 = ____
7 x 12 = ____	8 x 12 = ____	9 x 12 = ____	10 x 12 = ____	11 x 12 = ____	12 x 12 = ____

Week 3 Day 7   Multiplication Fact Sheet   BEAT THE CLOCK

1 x 1 = ____	2 x 1 = ____	3 x 1 = ____	4 x 1 = ____	5 x 1 = ____	6 x 1 = ____
1 x 2 = ____	2 x 2 = ____	3 x 2 = ____	4 x 2 = ____	5 x 2 = ____	6 x 2 = ____
1 x 3 = ____	2 x 3 = ____	3 x 3 = ____	4 x 3 = ____	5 x 3 = ____	6 x 3 = ____
1 x 4 = ____	2 x 4 = ____	3 x 4 = ____	4 x 4 = ____	5 x 4 = ____	6 x 4 = ____
1 x 5 = ____	2 x 5 = ____	3 x 5 = ____	4 x 5 = ____	5 x 5 = ____	6 x 5 = ____
1 x 6 = ____	2 x 6 = ____	3 x 6 = ____	4 x 6 = ____	5 x 6 = ____	6 x 6 = ____
1 x 7 = ____	2 x 7 = ____	3 x 7 = ____	4 x 7 = ____	5 x 7 = ____	6 x 7 = ____
1 x 8 = ____	2 x 8 = ____	3 x 8 = ____	4 x 8 = ____	5 x 8 = ____	6 x 8 = ____
1 x 9 = ____	2 x 9 = ____	3 x 9 = ____	4 x 9 = ____	5 x 9 = ____	6 x 9 = ____
1 x 10 = ____	2 x 10 = ____	3 x 10 = ____	4 x 10 = ____	5 x 10 = ____	6 x 10 = ____
1 x 11 = ____	2 x 11 = ____	3 x 11 = ____	4 x 11 = ____	5 x 11 = ____	6 x 11 = ____
1 x 12 = ____	2 x 12 = ____	3 x 12 = ____	4 x 12 = ____	5 x 12 = ____	6 x 12 = ____

7 x 1 = ____	8 x 1 = ____	9 x 1 = ____	10 x 1 = ____	11 x 1 = ____	12 x 1 = ____
7 x 2 = ____	8 x 2 = ____	9 x 2 = ____	10 x 2 = ____	11 x 2 = ____	12 x 2 = ____
7 x 3 = ____	8 x 3 = ____	9 x 3 = ____	10 x 3 = ____	11 x 3 = ____	12 x 3 = ____
7 x 4 = ____	8 x 4 = ____	9 x 4 = ____	10 x 4 = ____	11 x 4 = ____	12 x 4 = ____
7 x 5 = ____	8 x 5 = ____	9 x 5 = ____	10 x 5 = ____	11 x 5 = ____	12 x 5 = ____
7 x 6 = ____	8 x 6 = ____	9 x 6 = ____	10 x 6 = ____	11 x 6 = ____	12 x 6 = ____
7 x 7 = ____	8 x 7 = ____	9 x 7 = ____	10 x 7 = ____	11 x 7 = ____	12 x 7 = ____
7 x 8 = ____	8 x 8 = ____	9 x 8 = ____	10 x 8 = ____	11 x 8 = ____	12 x 8 = ____
7 x 9 = ____	8 x 9 = ____	9 x 9 = ____	10 x 9 = ____	11 x 9 = ____	12 x 9 = ____
7 x 10 = ____	8 x 10 = ____	9 x 10 = ____	10 x 10 = ____	11 x 10 = ____	12 x 10 = ____
7 x 11 = ____	8 x 11 = ____	9 x 11 = ____	10 x 11 = ____	11 x 11 = ____	12 x 11 = ____
7 x 12 = ____	8 x 12 = ____	9 x 12 = ____	10 x 12 = ____	11 x 12 = ____	12 x 12 = ____

MATH FACTS ASSESSMENT   85% MASTERY   3 MINUTES

3 X 5 =	5 X 8 =	9 X 2 =	6 X 8 =	2 X 5 =
3 X 4 =	5 X 5 =	3 X 6 =	5 X 7 =	8 X 9 =
6 X 7 =	5 X 9 =	3 X 5 =	5 X 8 =	3 X 5 =
7 X 2 =	5 X 11 =	3 X 7 =	12 X 8 =	6 X 10 =
3 X 10 =	2 X 7 =	6 X 9 =	7 X 4 =	2 X 10 =
11 X 4 =	2 X 11 =	9 X 2 =	8 X 8 =	3 X 11 =
3 X 5 =	5 X 8 =	3 X 5 =	5 X 8 =	5 X 4 =
7 X 9 =	2 X 12 =	8 X 1 =	5 X 5 =	9 X 6 =

Multiplication Flash Cards

$1 \times 1 = 1$	$1 \times 2 = 2$	$1 \times 3 = 3$
$1 \times 4 = 4$	$1 \times 5 = 5$	$1 \times 6 = 6$
$1 \times 7 = 7$	$1 \times 8 = 8$	$1 \times 9 = 9$
$1 \times 10 = 10$	$1 \times 11 = 11$	$1 \times 12 = 12$

Multiplication Flash Cards

2 x 1 = 2	2 x 2 = 4	2 x 3 = 6
2 x 4 = 8	2 x 5 = 10	2 x 6 = 12
2 x 7 = 14	2 x 8 = 16	2 x 9 = 18
2 x 10 = 20	2 x 11 = 22	2 x 12 = 24

Multiplication Flash Cards

3 x 1 = 3	3 x 2 = 6	3 x 3 = 9
3 x 4 = 12	3 x 5 = 15	3 x 6 = 18
3 x 7 = 21	3 x 8 = 24	3 x 9 = 27
3 x 10 = 30	3 x 11 = 33	3 x 12 = 36

Multiplication Flash Cards

4 x 1 = 4	4 x 2 = 8	4 x 3 = 12
4 x 4 = 16	4 x 5 = 20	4 x 6 = 24
4 x 7 = 28	4 x 8 = 32	4 x 9 = 36
4 x 10 = 40	4 x 11 = 44	4 x 12 = 48

Multiplication Flash Cards

5 x 1 = 5	5 x 2 = 10	5 x 3 = 15
5 x 4 = 20	5 x 5 = 25	5 x 6 = 30
5 x 7 = 35	5 x 8 = 40	5 x 9 = 45
5 x 10 = 50	5 x 11 = 55	5 x 12 = 60

Multiplication Flash Cards

6 x 1 = 6	6 x 2 = 12	6 x 3 = 18
6 x 4 = 24	6 x 5 = 30	6 x 6 = 36
6 x 7 = 42	6 x 8 = 48	6 x 9 = 54
6 x 10 = 60	6 x 11 = 66	6 x 12 = 72

Multiplication Flash Cards

7 x 1 = 7	7 x 2 = 14	7 x 3 = 21
7 x 4 = 28	7 x 5 = 35	7 x 6 = 42
7 x 7 = 49	7 x 8 = 56	7 x 9 = 63
7 x 10 = 70	7 x 11 = 77	7 x 12 = 84

Multiplication Flash Cards

8 x 1 = 8	8 x 2 = 16	8 x 3 = 24
8 x 4 = 32	8 x 5 = 40	8 x 6 = 48
8 x 7 = 56	8 x 8 = 64	8 x 9 = 72
8 x 10 = 80	8 x 11 = 88	8 x 12 = 96

Multiplication Flash Cards

9 x 1 = 9	9 x 2 = 18	9 x 3 = 27
9 x 4 = 36	9 x 5 = 45	9 x 6 = 54
9 x 7 = 63	9 x 8 = 72	9 x 9 = 81
9 x 10 = 90	9 x 11 = 99	9 x 12 = 108

Multiplication Flash Cards

$10 \times 1 = 10$	$10 \times 2 = 20$	$10 \times 3 = 30$
$10 \times 4 = 40$	$10 \times 5 = 50$	$10 \times 6 = 60$
$10 \times 7 = 70$	$10 \times 8 = 80$	$10 \times 9 = 90$
$10 \times 10 = 100$	$10 \times 11 = 110$	$10 \times 12 = 120$

Multiplication Flash Cards

11 x 1 = 11	11 x 2 = 22	11 x 3 = 33
11 x 4 = 44	11 x 5 = 55	11 x 6 = 66
11 x 7 = 77	11 x 8 = 88	11 x 9 = 99
11 x 10 = 110	11 x 11 = 121	11 x 12 = 132

Multiplication Flash Cards

12 x 1 = 12	12 x 2 = 24	12 x 3 = 36
12 x 4 = 48	12 x 5 = 60	12 x 6 = 72
12 x 7 = 84	12 x 8 = 96	12 x 9 = 108
12 x 10 = 120	12 x 11 = 132	12 x 12 = 144

Meet the Author:

Photography by Sanjay N. Patel (www.sanjaynpatel.com)

Rachel Spiller-Riles, M.Ed.
- ➤ **Master Registered Trainer (Texas Early Care and Education Career Development System)**
- ➤ **Texas Education Continuing Professional Education (CPE) Provider**
- ➤ **Educational Consultant**
- ➤ **Certified Teacher**

Musical Timetables was created by RAM (Reading, Arithmetic, through Music) a program designed to help students (Preschool through 5th Grade) develop basic skills using music. Through music, children create a foundation for developing critical thinking skills.

Musical Timetables is a fun and exciting way to learn multiplication facts.

This book along with the Musical Chants CD is designed to address all learning styles: auditory, kinesthetic, and visual.

Contact Information
EMAIL: rachel@edtrainer.net
Phone: 713.364.8440